herbertantoniusweiler.de

Herbert Weiler

Von den Hundertdreiundfünfzig Fischen

Identität und Ereignis im Bild einer Zahl
Von einer verborgenen Beziehung zwischen der Schrift des Johannes und den drei anderen Evangelien

Bibliografische Information der Deutschen Nationalbibliothek:
Die Deutsche Nationalbibliothek verzeichnet diese Publikation
in der Deutschen Nationalbibliografie; detallierte
bibliografische Daten sind im Internet über http://dnb.dnb.de
abrufbar.

Herstellung und Verlag:
BoD – Books on Demand, Norderstedt

ISBN 978-3-7386-0560-0

Übersicht:

Anmerkungen

Einleitung

Die Zahl rührte immer schon an in ihrer ausdrücklichen Nennung, in der sie alleine steht. Die Menge der Fische sei so groß gewesen, dass die Jünger das Netz nicht ins Boot ziehen konnten, sondern es zum Ufer ziehen und an Land bringen mussten.

Dort sind es 153 große Fische gewesen. Kein weiterer Hinweis. Die Zahl wird genannt ohne einen weiteren erzählerischen Zusammenhang, ohne Zahlenverhältnisse wie es bei anderen Zahlenangaben vorkommt. Etwa bei der Speisung der fünftausend Menschen, die Jesus ohne Proviant in die Wüste gefolgt waren und die, wie es heißt, von fünf Broten und zwei Fischen satt wurden, so dass noch zwölf Körbe übrig blieben.

Hier nur die Hundertdreiundfünfzig Fische, deren Anzahl, ohne dass dem ein Zusammenhang folgt, eigens erwähnt wird.
Mehr als andere biblische Nennungen von Zahlen wirkt diese wie eine Aussage.

Nur in der Schrift des Johannes wird sie genannt.

Der Text des Johannes unterscheidet sich auch in sonstiger Hinsicht von denen der anderen drei Evangelisten. Der Prolog, die strukturelle Ausprägung, etwa in den sieben *Ich bin*-Worten Jesu, auch die mehrmalige Selbstbekundung Jesu als Sohn Gottes, sind von einer philosophischen Prägnanz, die ihn von den anderen drei Texten unterscheidet.

Die Gegenüberstellung der philosophischen Weite des Johannes-evangeliums war schon Thema der frühen Schriftauslegung.

Das Verhältnis der vier Evangelien zueinander sah man in Entsprechung zu dem Bild der vier Gestalten am Throne Gottes aus der Schau des Ezechiel und in der Johannesoffenbarung: Matthäus der Engel oder Mensch, Markus der Löwe, Lukas der Stier und Johannes der Adler. Darin entsprechend den aristotelischen vier Gründen des Seins, den vier Kausa-litäten: der *causa materialis*, dem *stofflichen Urgrund* im Symbol des Stiers, der *causa formalis*, dem *formschaffenden Urgrund* im Symbol des Löwen, der *causa*

efficiens, dem *gegenüberstellenden, begegnenden, bewirkenden oder begebenden Urgrund* im Symbol des Adlers und der *causa finalis*, dem *erwirkenden, ergebenden Urgrund* im Symbol des Engels oder des Menschen.
(Die Vier-Quadranten / Wolfgang Döbereiner)

Der dem Johannes zugeordnete Adler, Symbol des begegnenden Urgrundes, verdeutlicht die Erhebung zum gegenüberstellenden, zum abstrakten Denken, das von den Befindlichkeiten und Bedingungen des Subjektiven unabhängig geworden ist und sich wie ein Adler emporschwingt.

Auf diese Weise stellen sich die unterschiedlichen Gestalten der Evangelien in dem Bild von Stier, Löwe, Adler und Engel als ein Gefüge dar, dessen Elemente zueinander in Wechselbeziehung stehen. Hierbei fällt auf, dass die Schilderung vom nächtlichen Fischzug nach der Auferstehung, mit der eigentümlichen Erwähnung der Zahl der hundertdreiundfünfzig Fische, bei den anderen drei Evangelisten nicht vorkommt.

Eine Geschichte, die sich hingegen bei den anderen Evangelisten, nicht aber bei Johannes findet, ist die Erzählung vom reichen Mann, der Jesus nach dem Erwerb des Himmelreiches fragt, die mit dem bekannten Gleichnis von Kamel und Nadelöhr endet.
Sie kommt bei Markus, Lukas und Matthäus in fast gleicher Weise vor.

Wenn man den etymologischen Zusammenhang der betreffenden Worte in der hebräischen Sprache und die traditionelle Zahl- und Bildbedeutung der hebräischen Buchstaben hinzuzieht, erschließt sich hier eine verborgene Korrespondenz zwischen den drei anderen Evangelien und dem des Johannes.

Da stieg Simon Petrus hinein und zog das Netz an Land. Es war voll mit hundertdreiundfünfzig großen Fischen, und obwohl es so viele waren, zerriss das Netz nicht. Joh, 21,11

Von den Hundertdreiundfünfzig Fischen

In den Tagen nach der Auferstehung,
erzählt Johannes, waren die Jünger mit
dem Schiff auf den See von Tiberias
hinausgefahren, um zu fischen.
Sie hatten die ganze Nacht über nichts
gefangen, und als es Morgen wurde und
sie zum Ufer zurückkehrten, stand Jesus
dort; ohne, dass sie ihn erkannten.
Seine Frage, ob sie etwas zu essen hätten,
können sie nur verneinen.
Er rät ihnen, nochmals hinauszufahren
und dabei das Netz auf der rechten Seite
des Schiffes auszuwerfen.
Sie tun wie er sagt, und da wird das Netz
so voll, dass sie es nicht mehr ins Boot

ziehen können, sondern zum Ufer
schleppen müssen.
Da erkennt Petrus, dass es Christus ist. Er
springt ins Wasser, um schneller an Land
zu gelangen.
Das Netz, heißt es später, war voll mit
hundertdreiundfünfzig großen Fischen,
und obwohl es so viele waren, zerriss es
doch nicht.
Diese Geschichte vom nächtlichen
Fischzug mit der Erwähnung der
hundertdreiundfünfzig Fische, findet sich
nur bei Johannes.

Die Siebzehn

Der Kirchenlehrer Augustin hat sich
eingehend mit der Zahl beschäftigt. Er
nannte als einen ihrer Schlüssel die
Siebzehn.
Zur Praxis antiker Zahlenlehren gehörte
es, Zahlen in einem Verhältnis zu der
Summe, die sich aus der Addition ihrer
Reihe ergibt, zu betrachten.

Ein dem Pythagoras zugeschriebener Satz verdeutlicht diese Relation: *Was Du für Vier hältst ist Zehn.*
Die Additionsreihe der Vier, eins plus zwei plus drei plus vier, ergibt Zehn.
Augustin wandte diese Praxis auf die Hundertdreiundfünfzig an: *Wenn man von eins bis siebzehn zählt und alle dazwischen liegenden Zahlen dazu addiert, kommt einhundertunddreiundfünfzig heraus.* legt er in einer Antwort auf die Fragen seines Schülers Januarius dar. (XXXIII. Antwort auf die Fragen des Januarius, 2. Buch.)

Die Siebzehn betrachtete Augustin als vollkommene Zahl, weil sie die Zahl der zehn Gebote enthält und die der sieben Gaben des Heiligen Geistes.

Thomas von Aquin teilte diese Deutung. In der Siebzehn, der Summe der Zehn als Zahl des Irdischen - zehn Gebote für das irdische Leben - und der Sieben als Zahl des Himmels - sieben Schöpfungstage, sieben Gaben des Heiligen Geistes - sah Thomas den Hinweis auf die Herabkunft des Himmlischen auf Erden, auf die Menschwerdung Christi.

In der Hundertdreiundfünfzig als Additionsreihe der Siebzehn wäre dann, nach Ostern, die Vollendung der Menschwerdung ausgedrückt.

Ein Bezug ergibt sich zum Pfingstereignis in der Apostelgeschichte. Dort sind es siebzehn Sprachgruppen, die genannt werden, nachdem der Heilige Geist auf die Versammelten herabgekommen war und sie in fremden Mundarten reden konnten.

Traditionell wird daher im Christentum die Zahl der Hundertdreiundfünfzig Fische mit der vorausgehenden Aufforderung, von nun an Menschenfischer zu werden, als Hinweis verstanden, die christliche Erkenntnis zu allen Völkern zu tragen.

Im Alten Testament wird die Siebzehn des Öfteren erwähnt.
Am siebzehnten Tag des zweiten Monats begann die Sintflut, am siebzehnten Tag des siebten Monats setzte Noahs Arche auf dem Berge Ararat auf. Josef war siebzehn Jahre alt, als seine Brüder ihn nach Ägypten verkauften, Jakob lebte

noch siebzehn Jahre in Ägypten. Zehnmal wird im Tanach die Siebzehn genannt – im Neuen Testament erscheint sie nicht als Zahl. Hier ist es allein die Zahl ihrer Additionsreihe, die genannt wird.

Die Zahl der Fische bei Johannes birgt jedoch noch eine Aussage, die über ihre mathematische Struktur im Zusammenhang mit der Siebzehn hinausgeht.

Wort, Zahl und Bild

Im Hebräischen werden die Zahlen mit den Zeichen der Buchstabenreihe dargestellt. Die Reihe der Einser mit den ersten neun Buchstaben, die Zehnerreihe mit den folgenden neun Buchstaben und die Reihe der Hunderter mit den verbleibenden vier Zeichen.
Die Reihe der zweiundzwanzig Buch-staben der hebräischen Schrift endet mit

dem Buchstaben *thaw*, der für die Vierhundert steht:

9	8	7	6	5	4	3	2	1
ט	ח	ז	ו	ה	ד	ג	ב	א
Teth	Chet	Saijn	Vaw	He	Daleth	Gimel	Beth	Aleph
Gebär-mutter	Zaun	Waffen	Haken	Fenster	Tür	Kamel	Haus	Stier-haupt

70	60	50	40	30	20	10
ע	ס	נ	מ	ל	כ	י
Aijn	Samech	Nun	Mem	Lamed	Chaf	Jud
Auge	Schlange	Fisch	Wasser	Ochsen-stachel	Hand-fläche	Hand

400	300	200	100	90	80
ת	ש	ר	ק	צ	פ
Thaw	Schin	Resch	Kuph	Zade	Phe
Kreuz	Zähne	Haupt	Nadelöhr	Angelhaken	Mund

Ein Wort kann auf diese Weise eine Zahl ergeben und es ist möglich, eine Zahl als Wort zu lesen. Gleiche Zahlenwerte werden in einer spezifischen Form der jüdischen Schriftauslegung, der Gematria,

als Hinweis auf einen Zusammenhang gedeutet.
Diese Betrachtung der biblischen Schriften mit Hilfe des Zahlenwertes hebräischer Worte entwickelte sich im nachbiblischen Judentum zu einem gebräuchlichen System.

Trotz der Distanz einiger Lehrer des Judentums, so auch Maimonides, welche die Gematria wegen der Möglichkeit einer spekulativen Beliebigkeit verwarfen, stellt diese Form der Schriftauslegung einen wesentlichen Bestandteil der jüdischen Mystik, der Kabbala, dar. Christliche Humanisten, die im Dialog mit Lehrern des Judentums standen, erblickten in der Gematria, wie in der Kabbala überhaupt, einen Weg zum tieferen Verständnis der christlichen Texte. Bekannt sind hier der zum Christentum konvertierte Flavius Mithridates, sein Schüler Pico della Mirandola, Johannes Reuchlin und Agrippa von Nettesheim.

Ungeachtet einer spekulativen Beliebig-keit erscheint es im Falle einer so eigen-tümlichen Zahlenangabe wie bei der

Nennung der Hundertdreiundfünfzig
Fische naheliegend, der Korrespondenz
von Zahl und Wort nachzugehen.
Zumal bei einer anderen Zahlenangabe,
nämlich in der *Offenbarung des Johannes,*
ausdrücklich die Empfehlung
ausgesprochen ist, der Bedeutung einer
Zahl nachzugehen. (Off.13,18)

Ohnehin ist es nachzuvollziehen, dass in
einer Sprache, in welcher die
Zahlenanhand von Buchstaben dargestellt
werden, der Zusammenhang von
Zahlenwert und Schriftzeichen
selbstverständlich ist und unmittelbarer
präsent als in einem Sprachgebrauch, der
separate Zahlenzeichen benutzt.

So findet sich die von Augustin und
Thomas mit dem nächtlichen Fischfang
verknüpfte Siebzehn in dem hebräischen
Wort für *gut*, טוב *-tow.*
Dieses Wort besteht aus den Zeichen
Teth - ט, *vaw* - ו und *Beth* - ב.
Teth entspricht der Neun, *Vaw* der Sechs
und B*eth* der Zwei. Der Zahlenwert der
Buchstaben ergibt als Summe Siebzehn.

Das Wort wird gleich zu Beginn der Genesis siebenmal genannt, in dem Satz: *Und Gott sah, dass es gut war.*

Betrachtet man das hebräische Zahlenzeichen zur Darstellung der Hundertdreiundfünfzig auf diese Weise, so wird es gebildet aus den Buchstaben *Kuph* – ק , für die Hundert, *Nun* נ , für die Fünfzig und *Gimel* – ג , für die Drei. Die 153 wurde zur Zeit der Entstehung der Evangelien, und wird auch im heutigen Hebräisch, mithin auf folgende Weise geschrieben: קנג

In der Tradition der hebräischen Schrift ist indes jeder Buchstabe - abgesehen von seinem Zahlenwert – mit einer metaphorischen Bedeutung, einem Bild verbunden (siehe Darstellung), welches sich historisch aus einer früheren, noch bildhaften Form der Schriftzeichen ableitet.

Diese Bedeutung ist auch im heutigen hebräischen Sprachgebrauch nicht etwa unbekannt oder verborgen, sondern allgemein präsent, da viele der Buch-stabennamen mit den entsprechend gebräuchlichen Begriffen, etwa im Falle

von *Haus, Auge, Tür* oder *Zähne,*
identisch sind oder etymologisch ähnlich.
So wird der Buchstabe *Beth* – ב , dem der
Zahlenwert 2 zukommt, *Haus,* genannt, so
auch das gebräuchliche hebräische Wort
für Haus. Der Buchstabe *Gimel* – ג , dem
Zahlenwert 3 entsprechend, wird *Kamel*
genannt, dessen Bezeichnung im heutigen
Hebräisch *Gamal* lautet.

Betrachtet man auf diese Weise die Ziffern
der Hundertdreiundfünfzig, so bedeutet
das Zeichen für die Hundert, *Kuph* - ק, ein
Nadelöhr, das Zeichen für die Fünfzig,
Nun – נ , bedeutet *Fisch* und das Zeichen
für die Drei, *Gimel* – ג , wird *Kamel*
genannt.
In der hebräischen Darstellung der Zahl
153 sind damit, gelesen in hebräischer
Reihenfolge von rechts nach links, die
Bilder Nadelöhr, Fisch und Kamel
enthalten ק נ ג .

Das Kamel und das Nadelöhr sind aus den
drei anderen den Evangelien gut bekannt.
Ihre Verbindung ist sprichwörtlich.
Allein in dieser Weise, in Gestalt der Zahl,
kommen sie jedoch auch im Johannes-

evangelium vor, welches das Gleichnis
sonst nicht erwähnt.

Die Erwähnung von Kamel und Nadelöhr
folgt bei Markus, Lukas und Matthäus der
Geschichte vom reichen jungen Mann.
Dieser tritt an Jesus heran, bei Lukas ist
es ein *Oberer*, und fragt: *Guter Meister,*
was muss ich tun, um das Ewige Leben
zu ererben?
Jesus antwortet: *Was nennst du mich gut,*
niemand ist gut außer Gott allein, und er
verweist ihn auf die Gebote.
Bei Matthäus fragt der Reiche: *Meister,*
was muss ich Gutes tun, um das Ewige
Leben zu haben?
Und Jesus antwortet hier: *Was fragst du*
mich über das, was gut ist. Gut ist nur
Einer. Willst du aber zum Leben eingehen,
so halte Dich an die Weisungen.
Allen drei Schilderungen gemeinsam ist
die dreimalige Erwähnung des Wortes
gut, einmal von Seiten des Mannes,
enthalten in der Frage, und zweimal in
der Antwort von Jesus.
Der Mann fragt dann, was ihm noch fehle,
denn die Gebote habe er von Jugend an
gehalten.

Da, heißt es, gewann Jesus ihn lieb, und er sprach zu ihm:
Eines fehlt dir noch, geh hin und verkaufe alles, was du hast, und gib es den Armen, so wirst du einen Schatz im Himmel haben, und komm, folge mir nach.
Da ging der Jüngling traurig weg, denn er hatte viele Güter.
Darauf wandte Jesus sich zu seinen Jüngern und sagte: *Ein Reicher geht schwer ins Himmelreich. Es ist leichter, dass ein Kamel durchs Nadelöhr geht, als dass ein Reicher in das Reich Gottes komme.*

Darüber, so wird berichtet, waren die Jünger sehr entsetzt.
Sie waren Fischer, teilten sich vermutlich ein gemeinsames Netz und Boot. Sie waren also nicht reich zu nennen. Warum sind sie so betroffen?

Wie es scheint, so Romano Guardini, der diesen Gesprächsverlauf hervorhebt, beziehen sie die Aussage Jesu auf jeden Menschen und sein Verhältnis zu jeglichem Besitz, denn sie fragen:
Wer kann dann gerettet werden?

Wie kann jemand überhaupt etwas besitzen und nicht davon bestimmt sein? Jesus antwortet: *Was bei den Menschen unmöglich ist, das ist bei Gott möglich.* Wenn anhand der Zahl der 153 Fische bei Johannes ein verborgener Bezug zum Gleichnis von Kamel und Nadelöhr bei den drei anderen Evangelisten eröffnet, so scheint bei Matthäus, Markus und Lukas in der Geschichte vom reichen Mann, die lange vor Ostern spielt, etwas angesprochen zu sein, welches nach Ostern bei Joh. 21, in der Geschichte vom nächtlichen Fischzug, noch einmal eine Antwort findet.

Im Unterschied zu der Erwähnung in den drei anderen Evangelien ist dem Kamel und dem Nadelöhr hier, in dieser Form der Nennung der Zahl 153, das *Nun -]* hinzugefügt - der Fisch.
Es scheint, als habe sich jetzt, nach der Auferstehung, etwas gewandelt in dem Verhältnis von Kamel und Nadelöhr, als sei etwas hinzugekommen.
Und dieses, was hinzugekommen ist, wird ausgedrückt durch den Fisch.

Der Fisch – das *Nun*

Die frühen Christen verbanden das Bild des Fisches mit Christus. In dem griechischen Wort für Fisch, *ICHTHYS* erkannte man die Anfangsbuchstaben der Worte *Iesous Christos Theou Yios Soter - Jesus Christus Gottes Sohn, Erlöser.*
So spricht Tertullian von Christus als Fisch, aus dem die Fischlein, die Christen, hervorgehen.
Wulfila, der erstmals die Bibel aus dem Griechischen in eine germanische Sprache, ins Gotische, übersetzte und dafür eigens eine Schrift entwickelte, bildete aus den Initialen von *Iesous Christos, I.CH,* die Verschriftung des Grundwortes der Identität.

Die Verbindung der Gestalt des Messias mit dem Bild des Fisches aus dem die Fische hervorgehen ist jedoch älter und war schon vorher präsent, Sie leitete sich aus der Bedeutung der Fische in den Evangelien ab, als auch aus dem Segen Jakobs über seine Enkel in Gen. 48,16: *sie sollen sein wie die Fische.* (Raschi)

Das Wasser war im rabbinischen
Judentum das Bild der Thora und die
Fische das Gleichnis Israels.

Obwohl in der hebräischen Tradition der
Buchstabe *Nun* - נוּן mit dem Bild des
Fisches verknüpft ist, wird in der Bibl
meist *Dag* – דָג verwendet.
Die Bezeichnung *Nun* war das im
Aramäischen gebräuchliche Wort.
Als Bezeichnung für den Fisch war es
gleich- oder ähnlich lautend im gesamten
semitischen Sprachraum zu finden.
In Babylonien und Assyrien bildete es
einen, noch auf das Sumerische
zurückgehenden, auf göttliche Träger-
schaft verweisenden Bestandteil etlicher
Götter-, Personen- und Ortsnamen,
ähnlich wie später die Silbe *el.*

Im angrenzenden Ägypten war *Nun* der
Name des ägyptischen Urgottes, der als
der *Herr des Urgewässers,* vor allem
Anfang, verstanden wurde. Als einziger
Gott des Ägyptischen Pantheons wurde er
in reiner Menschengestalt begriffen. Der
ägyptisch Urgott *Nun* war in der Anschauung der Ägypter mit der alljähr-
lichen Nilüberschwemmung verbunden.

In der Flut und im Rückzug des Wassers zum Ende der Überschwemmungszeit, wenn das auftauchende, einst ausgedörrte Land von neuem Leben spross, erblickten die Ägypter ein Bild des Wirkens des *Nun.*

Der Fisch, in dessen Bauch sich *Jonah* drei Tage aufhält, wird im Buch *Jonah* als *dag gadol,* als großer Fisch, bezeichnet, während er auf Arabisch *al nun* heißt. *Jonah* trägt dort auch den Beinamen *dhun nun*, der *Herr des Fisches*. Auch der Name der Stadt *Ninive* – נִינְוֵה, mit deren Schicksal das des *Jonah* verknüpft ist, enthält das *Nun.*

Ansonsten werden im Alten Testament Fische, Fischfang und Fischer wenig erwähnt.
Im Neuen Testament sind sie hingegen ein wiederkehrendes Thema.
So sind die Jünger von Beruf Fischer, bei der Speisung der Fünftausend sind es Brot und Fische, die vermehrt werden, nach der Auferstehung erscheint Jesus den Jüngern und speist Fische mit etwas Honig, Jesus gibt den Jüngern den Auftrag, von nun an Menschenfischer zu

sein, und im Johannesevangelium findet sich die Geschichte vom nächtlichen Fischzug.

Das Wort *Nun* fällt jedoch im Alten Testament in einem sehr markanten Zusammenhang.
Jehoschua, lateinisch *Josua,* der Schüler und Diener des Moses, der das Volk nach dessen Tod in das verheißene Land führen soll, wird nach der Verkündigung am Sinai, wo er den Moses auf den Berg begleitet hatte, *Jehoschua, Sohn des Nun* genannt.
Dieser *Nun* selbst, der Vater des *Jehoschua,* tritt nicht in Erscheinung.
Er wird jedoch, was sonst nicht üblich ist, vom Zeitpunkt der Verkündigung am Sinai an bis zum Übergang über den Jordan bei jeder Nennung *Jehoschuas* mitgenannt, dann noch einige Male, zuletzt bei *Jehoschuas* Tod.

Jehoschua - יהושע heißt: *Der Herr rettet. Jesus – Jeschua* stellt, neben *Josua – Joschua* die andere latinisierte Kurzform des Namens dar. Daher sagt der Engel dem Joseph bei der Ankündigung der Niederkunft Marias: *Und sie wird einen*

*Sohn gebären, dem sollst du den Namen
Jeschua geben, denn er wird sein Volk
retten.*

.

Jehoschua, Sohn des Nun, ist derjenige,
der das Volk nach der vierzigjährigen
Wüstenwanderung in das verheißene
Land führt.
Bildhaft ist hier, dass die Zahl Vierzig dem
Buchstaben *Mem* - מ entspricht , welcher
Wasser bedeutet.
Das *Nun* - נ - dagegen, die Fünfzig - der
Fisch – stellt das dar, was im Wasser lebt,
was aus dem Wasser herauskommt, was
das Wasser ergibt, die *Früchte des
Meeres,* wie es in der Genesis heißt.

Die vierzigjährige Wüstenwanderung,
nach der rund vierhundertjährigen
ägyptischen Gefangenschaft, begann mit
dem Durchschreiten des Wassers des
Roten Meeres und endete mit dem Zug
über das Wasser des Jordan und dem
Erreichen des gelobten Landes. Während
der Wanderung erhielt das Volk die *Thora*.
Das *Nun* ist das Ergebnis, der Sinn des
Wartens - die Fünfzig folgt der Vierzig.

Mem - מ, die Vierzig, das *Wasser*, hat, ebenso wie die Vier, *Daleth* -ד , die *Tür*, und die Vierhundert, *Thaw* - ת , das *Kreuz*, einen Bezug zur Zeit.

Es sind bestimmte Zeitspannen in der Bibel, die mit der Vierzig bzw. mit der Vierhundert bemessen werden.

Die vierzig Jahre der Wanderung durch die Wüste, die vierzig Tage am Sinai, die rund vierhundert Jahre im Exil, vierzig Tage, die Jesus in der Wüste fastete, vier Tage, die Lazeraus schon im Grabe lag, als Jesus ihn vom Tode erweckte.

Diese Zeitspannen zeichnen sich dadurch aus, dass sie vor einen neuen Anfang gestellt sind.

Nach den vierhundert Jahren in Ägypten treten die Israeliten erstmals als Volk hervor. Nach den vierzig Tagen am Sinai erhalten sie die Thora, nach den vierzig Jahren in der Wüste erreichen sie das gelobte Land.

Der hebräische Buchstabe *Nun* - נ, der Fisch, Zahlenzeichen für die Fünfzig, folgt dem *Mem* - מ, Zahlenzeichen für die Vierzig, welche für das Wasser steht.

Die Immanenz des Fünften in der Vier erweist sich auch anhand der vier

Richtungen, vorne, hinten, rechts und links, entsprechend der vier Himmelsrichtungen, deren fünftes Element der Ausgangspunkt ist. Umgekehrt stellt das gegebene Viereck die erste geometrische Figur dar, die ohne weitere Zuhilfenahme, allein durch die Zeichnung der Diagonalen, einen fünften Punkt, den Mittelpunkt ergibt.

Der Zeitbegriff, auf den sich *Mem* - מ bezieht, ist wie das Wasser, in dem noch nichts fassbar ist. Eine Zeit vor dem Anfang. Sie ist das Warten.

Der Anfang

Es ist das Wasser, welches das Erlebnis des Nichtfassbaren vermittelt. Wenn wir ins Wasser fassen, können wir nichts ergreifen. Es berührt und umfliesst die Hände, aber ergreifen läßt sich nichts, nur zu schöpfen ist das Wasser. Präsenz und Formlosigkeit zeichnen gleichermaßen sein Wesen aus.

Der Fisch ist es, der aus dem Wasser entgegenkommt. Er ist im Wasser zu erkennen. Er wohnt im Nichtfassbaren, kaum fassbar, verflüchtigt sich, wird fassbar erst im Netz, wenn er aus dem Wasser hervorkommt.

Der Fisch im Wasser deutet das noch im Ungeteilten Wartende an. Es will anwesend werden. Es wartet auf seinen Anfang.
Hier wird das Wort *fangen* in *Anfang* sinnfällig. Es steht im Zusammenhang mit *Fähigkeit*, von dem mittelhochdeutschen Wort *fahen*. Ursprünglich bedeutet es *fassen, greifen, fassbar machen*.

Vielleicht verweist das Worte *Fisch* auf ein Fassen oder Erfassen hin, welches als elementares Prinzip nur in Bezug zum Nichtfassbaren, dem Wasser, artikulierbar ist.
Der Fisch als das, aus dem Unfassbaren Hervorkommende. Prinzip des Anfangs.
So auch das astrologische Zeichen Fische als Beginn der oberen Bewegung des Tierkreises, dem Weg der Fügung (Wolfgang Döbereiner) vom Zeichen Fische, dem

Wesenhaften, hin zum Zeichen Waage, der Gestalt.

Die Fünfzig, das *Nun*, bedeutet Anfang. So kam es, gemäß der *Thora*, nach einer Periode von 49 Jahren im fünfzigsten Jahre, dem sogenannten *Jobeljahre*, zu einem allgemeinen Neuanfang des Wirtschaftslebens. Der Mensch sollte von allen entstandenen Abhängigkeiten frei werden und neu beginnen können.

Dies geschah unter Ausgleich der sozialen Unterschiede und Rückgabe aller erworbenen Besitztümer an die ursprünglichen Eigner.
Auch wird im Judentum am fünfzigsten Tage nach dem Beginn des Pessach-Festes *Schawuoth* gefeiert, das Fest der Übergabe der *Thora* am Sinai.
Damit war, so die Bedeutung des Festes in der jüdischen Tradition, erstmals jeder Einzelne persönlich durch Gott angesprochen.

Anders als in noch den kollektivistischen Kulturen des Priester- und Gottkönigtums, wie noch in Ägypten und bei den anderen Völkern, wendet Gott sich mit der *Thora* an den Einzelnen, der fortan in einer persönlichen Beziehung steht, heraustretend aus dem Kollektiv.

Es war das Fest *Schawuoth*, zu dem sich die Jünger Jesu versammelt hatten, als sich der Heilige Geist auf einen jeden von ihnen herabsenkte.
Dieses Ereignis wurde dann bei den Christen zum Pfingstfest (Pfingsten, von griechisch *Pente koste* = fünfzig).
Ein eigener Geist bedeutet, einen eigenen Anfang zu haben (Romano Guardini), aus eigener Bewegung in Beziehung treten zu können.
Daher wird in der jüdischen Mystik der Buchstabe *Nun* und seine Zahl, die Fünfzig, mit der Individuation assoziiert.

Der Segen Jakobs über die Kinder Israels, Gen. 48,16, *sie sollen sich mehren im Lande inmitten wie die Fische,* erhält darin seine wesentliche Deutung.

Der Fisch, aus dem Wasser hervor-kommend, das noch nicht Fassbare zum Anfang bringend, stellt das Prinzip des Werdens dar. Dem, was noch nicht ist, wird durch den Fisch Existenz zuteil, es tritt heraus, wird ein Seiendes.

Der Fisch ist die Mittlung, die Beziehung, die der Existenz innewohnt.
Die Grundaussage der Existenz lautet: *Ich bin* oder *Du bist* oder *Es ist*.
Die Aussage enthält zwei Glieder: die Benennung des Seienden, *Du, Ich, Es,* und die Benennung des Seins des Seienden, nämlich, dass es *ist*.

Es ist ein Ergebnis des griechischen Denkens, dass das Sein des Ange-sprochenen in der Sprache Ausdruck findet und das Angesprochene dadurch eine Gegenwart erhält, getrennt vom Subjekt, ihm gegenüber, Objekt des Denkens.

Der Fisch stellt die Beziehung, den Angelpunkt der beiden Glieder der Existenz dar.
Das hebräische Wort השמים - *haSchamaim,* welches in der Genesis gemeinhin mit *der Himmel* übertragen wird, bedeutet wörtlich: *die dortigen Wasser.*

Das *Nun* kommt aus den *dortigen Wassern.* Es ist der Anfang des Seienden aus dem Nichts.

Heidegger nennt das Verhältnis der beiden Glieder zueinander das *Ereignis.* Im Ereignis haben sich, so Heidegger, *die beiden Glieder der Existenz einander zugeeignet und vereignet.*

Das Ereignis ist wie das Knie, durch das sich die Bewegung des Oberen dem Unteren mitteilt.
Das Knie bildet das Gelenk, den Angelpunkt, zwischen Ober- und Unterschenkel. Es ist der Angelpunkt von Bewegendem und Bewegtem.
So wie die Mitte, die Scheidung zwischen Wachs und Siegel, das Bild ermöglicht, und damit den Sinn von Wachs und Siegel enthält, Anfang und Ende des Zusammentreffens beider darstellt, so ist der Sinn der Glieder die Bewegung.

Das Knie als Ausdruck der eigenen Bewegung. Hier erklärt sich die indogermanische Wortverwandtschaft von Knie (*genu)* und Zeugung, Geburt oder Geschlecht (*gen*). Die griechischen

Begriffe der *Genesis*, der Schöpfung, wie auch der *Kinesis,* der Bewegung, stehen in diesem etymologischen Zusammenhang.

Bei den Germanen soll es Brauch gewesen sein, dass der Vater sein neugeborenes Kind willkommen hieß, segnete, indem er es auf sein Knie setzte.
Ähnlich verhält es sich im Hebräischen, wo das Wort für Knie, *berech* - ברך, und das Wort für Segen, *bracha* – ברכה , dieselbe Wurzel bilden.
Josef Beuys äußerte sich zu diesem Zusammenhang mit der Bemerkung: *Ich denke sowieso mit dem Knie!*

Würde dieser Angelpunkt zwischen dem Seienden und dem Sein, zwischen *Ich, Du, Er, Sie, Es* und *bin, bist, ist* zu uns sprechen und sich bekunden, so würde er sagen, *Ich bin das Prinzip des Seins, der Erstgeborene vor allem Seienden, 'Ich bin der Ich bin'.*
Ich bin die Identität, die Gegenwart der Gegenwärtigkeit.
Es ist dies der Name, den Gott dem Mose aus dem brennenden Dornbusch heraus kundtut.

Identität besteht in der Verausgabung.
Das ist das Er-eignen. Es ist der
brennende Dornbusch, der nicht
verbrennt.

Die Stetigkeit des Selben in der Identität
benannte man in der griechischen
Philosophie mit dem Begriff der *ousia* –
οὐσία, das *Wesen* oder das *Wesentliche.*

Wenn es in den Sprachen des griechisch-
römischen Kulturraums möglich ist, das
Sein, die *Istheit* der Dinge zu benennen -
das *ist* dieses, einer *ist* so - so ist dies ein
Erbe der griechischen Philosophie, in der
man begann, das Wesen der Dinge in ihrer
Erscheinung zu erkennen und zu
artikulieren als etwas, welches besteht,
etwa in jedem Trinkglas, als das
Wesentliche eines Trinkglases.
Im Lateinischen wurde es zur *essentia,*
abgeleitet von *esse – sein.*
Im Deutschen wurde es sowohl zu *ist* als
auch zu *Wesen*, welch Letzteres dem
griechischen *ousia* lautlich näher steht.

Wenn wir nun sagen, *das ist eine Tasse*, so
benutzen wir eigentlich ein Verb, mit dem
wir ausdrücken, dass hier das Wesen der

Tasse anwesend wird.
Dies *ist* eine Tasse bedeutet: Dies *west eine Tasse.*

Wir artikulieren ein Wirken. Das Wesen der Tasse wirkt in der Tasse oder wirkt die Tasse.
Die Scholastiker debattierten im Universalienstreit über die Frage, ob *in, vor* oder *hinter* den Dingen.

Wir sagen damit eigentlich, dass in diesem das Wesen einer Tasse anwesend wird.
Weil das Wesen der Dinge, indem es anwesend ist, das Bestehen der Dinge bedeutet, wurde der Begriff der *ousia* im Griechischen auch mit dem *Bestand*, dem Besitz assoziiert.
Ähnlich verhält es sich im Deutschen, wenn wir von einem *Anwesen* sprechen.
Auch reden wir vom *Eigentlichen* oder *Eigentümlichen,* wenn wir das Wesentliche eines Gegenstandes benennen wollen.
Das Wesen, welches im Zeichen Wassermann heraustritt aus dem noch Wesenhaften des Zeichens Fische, zur Polarität von Ich und Du wird, ergibt in der unteren Bewegung, im Stier, die

Abgrenzung und Beständigkeit der Dinge.
(Wolfgang Döbereiner)

Die Identität des Wesens wird zur Stetigkeit seiner Erscheinung.

Im Wassermann kommt die Person des Menschen zum Anfang.
Daher wird in der Viergestalt der Wassermann auch als Mensch bzw. Engel dargestellt. In den alten Darstellungen schaut, neben Stier, Löwe und Adler, für den Wassermann ein Antlitz aus dem Bild heraus.

Es sind immer wieder die Wassermann-Geborenen, welche die Polarität artikulieren, Martin Buber mit *Ich und Du*, dem *Dialogischen Prinzip*, Romano Guardini mit der Definition der Person über den eigenen Anfang und dem *Gegensatz*. Oder Ilja Prigogine, der in seiner Kritik an einer deterministischen Naturwissens-chaft anmahnt, die Natur als dialogisches Gegenüber zu erkennen, und einen *Dialog mit der Natur* fordert.

Identität, vom lateinischen *idem – dasselbe* - bedeutet, dass etwas *sich selbst das Selbe ist.* (Martin Heidegger)

Das ist die o*usia,* das Wesen.
Identität entsteht im Wassermann. In der
gegenläufigen Bewegung, im Stier, wird
sie Erscheinung, nämlich in der
Beständigkeit des Selben in der
Erscheinung.

Warum *sich selbst* das Selbe?
Weil es sonst nur die Identifizierbarkeit
von Eigenschaften wäre, *sich selbst das
Selbe* aber benennt das Subjekt der
Eigenschaften.

Das ist der Witz einer Tasse. Im Erkennen
des Wesens der Tasse durch den
Menschen kommt diese zu sich.
Der Satz der Identität, *A ist A,* bedeutet
mithin, dass A zu A wird, indem es das
Wesen As west. A *west* A. Der Tisch ist ein
Tisch, weil das Wesen des Tisches, das,
was alle Tische gemeinsam haben, in ihm
gegenwärtig wird.

Es ist das Wesenhafte, welches im
Menschen selber zum Wesen wird,
welches ihn das Wesen der Gestalten
erkennen lässt.

Dies ist der Fisch, der in der Zahl des nächtlichen Fischfangs aufgenommen wird.

Der Mensch ist Mensch, weil er ein eigenes *Nun* hat.

Er kann sagen: *Ich bin*. Nur er kann diese Aussage treffen.

Dies sagen zu können, haben zwar alle Menschen gemeinsam, zugleich aber kann nur jeder Einzelne von sich selbst diese Aussage treffen.

Hier ist es die Identität selber, die sich gegenwärtigt.

Daher basiert im Hebräischen das Wort für *Mensch* oder *Person*, *änosch*, auf der Wurzel *ani*, die *ich* bedeutet.

Der Mensch ist der, der *ich* sagen kann.

So ist der nächtliche Fischfang auch der Schlaf, aus dem der Mensch morgens aufwacht, wieder ans Ufer kommt. Der Fisch ist dasjenige, was er aus dem Schlaf mitbringt.

Der babylonische Astrologe Berossos berichtet von einem göttlichen Heils-bringer, der allmorgendlich in Gestalt eines Menschen und zugleich eines Fisches aus dem Meere entsteigt, um die Menschen in den Grundlagen der Kultur,

im Ackerbau, in der Architektur, der
Schrift und der Künste zu unterweisen.
Abends kehrt er wieder ins Meer zurück.

Die Möglichkeit, die *ousia*, die *Istheit* der
Dinge zu benennen, schließt ein, dass sie
als Anderheit gegenübergestellt sind.
Das ist Denken als das Erfassen des
Wesens in der Begegnung.
Identität bedeutet in Beziehung zu sein.
Identität zu erkennen ist möglich, weil
sich das Prinzip der Beziehung, das *Ich-
Du* (Martin Buber), dem Menschen
verinnerlichte. Jesus sagt: *Ich bin die Tür*
(Joh. 10, 9).

Es ist die Identität im Menschen, die ihn
Person sein lässt und die ihn die
Identität in den Dingen erkennen lässt.
Hier erschließt sich ein Weg des Verständ-
nisses der Erwähnung der 153 Fische in
der Schrift des Johannes nach der
Auferstehung bei der Begebenheit des
nächtlichen Fischfangs. Und warum in der
Zahl der Fische *Nun* - der Fisch, zwischen
Kamel und Nadelöhr genannt wird.

Das Ereignis
Das anarchistische Prinzip

Das Ereignis der Menschwerdung kann
als das Ereignis schlechthin verstanden
werden. Indem Christus Mensch wurde,
ereignete er sich. Das ermöglichte die
Ereignisfähigkeit - das Person-Sein des
Menschen.
Das Leben des Einzelnen als Biographie
hatte vorher kaum Bedeutung. Der
einzelne Mensch war zuvor nicht in der
Weise ereignisfähig; sein Geschick war
das Geschick seiner Sippe, seines Volkes.
Bei der Verkündung der Thora am Sinai
war der Mensch erstmals als ein Einzelner
angesprochen, der in einer persönlichen
Beziehung zu Gott steht.

Der Prophet Jeremia deutete später die
Unabhängigkeit von äußerer Maßgabe an,
indem diese Beziehung einmal
verinnerlicht werden würde:
Ich werde meine Lehre in ihr Inneres
legen und auf ihr Herz werde ich sie
schreiben. ..
Dann wird nicht mehr einer seinen
Nächsten oder einer seinen Bruder lehren

und sagen: Erkenne den Ewigen! Denn sie
alle werden mich erkennen von ihrem
Kleinsten bis zu ihrem Größten. (Jer. 31,34)

Der in der orthodoxen Kirche geschätzte
Gregor von Nyssa formulierte diesen
essentiellen Anarchismus einer
autoritätsunabhängigen Erkenntnis und
Gottesbegegnung kategorisch:
Mehr als alles andere wichtig ist, dass wir
keinerlei Notwendigkeit unterworfen und
keiner Macht in Hörigkeit untergeben
sind; sondern es steht bei uns, zu tun
nach eigenem Ratschluss und Belieben.
Denn die Tugend ist eine Sache der
Freiwilligkeit und keiner Herrschaft
untertan. Was aus Zwang und Gewalt
erwächst, ist ebendeshalb keine Tugend.
(Gregor von Nyssa, *de hominis opificio)*

So der Hinweis in der Geschichte von dem
einen reuigen Sünder, der in der
Entscheidung steht und der in der Reue
zu einer eigenen Bewegung findet, der
Gott darum näher steht, als die
neunundneunzig Gesetzestreuen im
Gleichnis.
Durch das Christus-Ereignis konnte der
Mensch Person werden.

Wer von meinem Wasser trinkt, wird selber zur Quelle lebendigen Wassers, sagt Jesus zu der Samaritanerin am Brunnen von Sychar.
Durch ihn ist jeder Mensch einzig und hat das Vermögen zum eigenen Anfang, er vermag aus eigener Anfangskraft zu handeln. (R. Guardini) Dies ist sein *Nun.*

Nachdem sie zuvor die ganze Nacht nichts gefangen haben, sollen die Jünger noch einmal hinausfahren, aber nun das Netz auf der rechten Seite des Bootes auswerfen, sagt Jesus.

Eine horizontale Linie erscheint ansteigend, wenn sie nach rechts hin höher verläuft und absteigend, wenn sie nach rechts tiefer wird. Die Beginn des Weges scheint links, seine Richtung geht nach rechts.
Die rechte Seite erscheint als offene Weite, sie bildet den Raum, das Gegenüber. Von rechts kommt das, was auf uns zukommt, was wir empfangen. Nach rechts geht die Richtung, in die wir uns bewegen, der Weg dessen, was von uns ausgeht, dessen Anfang in uns ist.

Die Empfehlung Jesu, die Netze auf der rechten Seite des Bootes auszuwerfen, deutet einen Wandel an. Der Mensch ist nicht mehr nur Empfangender, sondern er hat einen eigenen Anfang und tritt in Begegnung.

Der Sinn, der bisher von außen an ihn herantrat, ist ihm innegeworden.

In der Begegnung, der Erkenntnis des Wesens im Anderen, findet der Mensch den Anfang. Hier wird er zur Person.

Der Auftrag, Menschenfischer zu werden, bedeutet, jedem Menschen diesen Anfang, das Christus-Ereignis, zu vermitteln, auf dass jeder das ihm Gegebene zur Gegenwart, ans Ufer der Zeit bringen möge, so wie Christus, der Anfang, selber in die Zeit gekommen ist.

Kamel und Nadelöhr

Die Paradoxie im Gleichnis von Kamel und Nadelöhr wurde mitunter als Folge einer Fehlübersetzung gedeutet.
Da sich im Griechischen die Worte *Kamel-Kamelos - Κάμηλος* und *Schiffstau – Kamilos - Κάμίλός* ähnelten, sei, so die Meinung, das Kamel durch eine Verwechslung in den Zusammenhang geraten.
Jesus habe dann tatsächlich vom Tau gesprochen, welches eher durch ein Nadelöhr geht als ein Reicher ins Reich der Himmel.
Ein ähnlicher Einwand verweist auf ein aramäisches Wort für Schiffstau, *gamta*, welches durch Verwechslung eines Buchstabens mit *gamal* vertauscht worden wäre. (Pinchas Lapide) Eine Rede vom Schiffstau, welches eher durch ein Nadelöhr gehe, sei bei den Fischern am See Genezareth möglicherweise ein geflügeltes Wort gewesen.
Eine solche Redewendung wäre aber unzweifelhaft auch den Verfassern der Evangelien bekannt gewesen, eine Verwechslung damit wenig plausibel.

Zudem spricht das geschilderte Entsetzen der Jünger eher für eine grundlegendere Unmöglichkeit, als sie die graduelle Differenz eines zum Seil vergrößerten Fadens darstellt.

Im Falle einer nur graduellen Aussage über Besitz und Reichtum wäre die Frage der Apostel, wer dann überhaupt gerettet werden könne – da sich diese ebenso auf die Unbegüterten bezieht - nicht sinnvoll gewesen.

Ohnehin fragt es sich, warum bei der Übersetzung einer fraglichen Stelle die absurde Variante der naheliegenden vorgezogen worden sein sollte.

Gleichwohl wird eine derartige Kritik an der überlieferten Form des Gleichnisses bereits wenige Abschnitte später anhand eines ähnlich drastischen Vergleiches entkräftet: *...die ihr Mücken siebt und Kamele verschluckt!*. Matt. 23,24

Die Erwähnung von Kamel und Nadelöhr angesichts des Unvermögens des reichen Mannes, seine Habe den Armen zu schenken, hat jedoch noch eine weitere Bedeutung als nur die der rhetorischen Verdeutlichung.

Sie erschließt sich aus der etymologischen Transparenz von Worten und Begriffen, wie sie der hebräischen Sprache wesenseigen ist.

So ist das Wort für Kamel, גמל – *gamal*, gleich dem Wort für entwöhnen גמל – g*amal*, etwa des Säuglings von der Mutterbrust. Gleichermaßen auch für *reif werden* als die Ablösung der Frucht vom Stamm.

In diesem Sinne ist es verwandt mit dem Wort für vergelten, גמל – g*amal,* im Sinne von Gutes-tun bzw. Wohltätigkeit.

Der Wohltäter, der den Armen gibt, wird daher גמל דלים - *gomel dalim* genannt, גמילות - *gmiluth* ist die Wohltätigkeit.

Da Jesus in seiner vorherigen Aufforderung an den reichen Jüngling, sich von seinem Besitz zu trennen und den Armen zu schenken, vermutlich diese Worte benutzte, hat die anschließende Hervorhebung des Kamels, *gamal-* גמל , in der Rede an die Jünger einen unmittelbaren assoziativen und lautlichen Bezug zur vorher erwähnten Wohltätigkeit. Entsprechend enthält auch jene andere Stelle, in welcher er zum Vergleich das Kamel heranzieht, die vorausgehende

Erwähnung der Barmherzigkeit: *ihr habt die wesentlichen Dinge des Gesetzes beiseite gelassen: das Recht und die Barmherzigkeit und den Glauben. Ihr blinden Führer, die ihr Mücken siebt und Kamele verschluckt!* Math. 23, 23

Das Gleichnis erhält dadurch den Charakter einer Empfehlung und geht über die bloße Verdeutlichung einer Unverhältnismäßigkeit hinaus.
Das Nadelöhr ק – *kuph* – wird als Zahlenzeichen für die Einhundert, gleichsam als Eingang zum Raum der Hunderter-Zahlen, in der jüdischen Tradition auch mit dem Eingang zum Himmel assoziiert.
Es ist Metapher für die *enge Pforte*, den *schmalen Pfad* welchen die Evangelien einige Male erwähnen.
Die Aussage, nach der eher ein Kamel - *Gamal* durchs Nadelöhr – *kuph* geht, als ein Reicher ins Himmelreich, erweist sich als Hinweis: Eher geht ein vom Besitz Entwöhnter, Verschenkender, Wohltätiger ins Himmelreich - als ein Reicher.

Eine weitere Ebene des zu גמל - *gamal* gehörigen Stammes zeigt sich in dem

Wort גמול - gimul für *Tat* oder *Vollbringung*.

Der Zusammenhang ergibt sich aus dem Verhältniswort מול - *mul* für *gegenüber*. Die Wurzel *g-m-l* würde mit dem vorangestellten *Gimel* den Komplex der Beziehung zum in *mul* erfassten Gegenüber zum Ausdruck bringen.

Gimul - als die Tat, die Vollbringung - stellt sich so als die aus dem Gegenüber-Sein, aus der *Ich-Du*-Beziehung erwachsende eigenständige Bewegung dar.

Martin Buber bringt dieses Thema zur Anschauung in seiner Schrift: *Urdistanz und Beziehung*

Im Deutschen ist dieses Wortfeld vergleichbar mit dem Verhältnis des Wortes *gegen* zu den Begriffen *Begegnung* oder *Gegenwärtigkeit*.

Darin liegt ein eigener Anfang.

Das Kamel steht für den Weg dieser eigenständigen Bewegung.

Es weist auf das Dritte zwischen Zweien hin - daher das Zahlenbild für die Drei.

Die Bedeutung der Eigenständigkeit in der Treue wird dabei ergänzt durch die Genügsamkeit des Kamels, mit der es in der Wüste lange Wege ohne Wasser bewältigen kann; aber auch durch seine Fähigkeit, Wasserstellen über weite Entfernungen zu riechen und den Reisenden dorthin zu führen, ihn also zu leiten.

In seiner Genügsamkeit verweist es auf die geistige Unabhängigkeit.

Es ist Symbol dafür, dass der Geist - die Beziehung - den Menschen trägt. Seine Erwähnung verweist auf die Eigenständigkeit der Person.

Die metaphorische Verknüpfung des Bildes vom Kamel mit diesen Inhalten hat im Judentum Tradition. Sie geht zurück auf die Geschichte der Brautwerbung für Isaak, in der sich Rebekka als die richtige Braut erweist, weil sie auch für die zehn Kamele Wasser schöpft, die der Brautwerber mitführt, und auch ihnen zu trinken gibt. Mit den zehn Kamelen werden in der rabbinischen Auslegung die Zehn Gebote assoziiert.

Die Gestalt des Kamels als Mahnung in der Geschichte vom Reichen, der sich nicht von seinem Besitz zu trennen vermag, wird damit sinnfällig.

Habe und Behäbigkeit, Eigentum und Ereignis

Das entscheidende Element in der Geschichte vom Kamel, welches eher durch das Öhr der Nadel geht, als ein Reicher in den Himmel, ist offenbar das Verhältnis zur Habe, zum Besitz oder zum Eigentum, zu dem, was dem Menschen gehört.

Wenn nach Ostern bei der Geschichte vom nächtlichen Fischzug in der Erwähnung der 153 Fische zu den Bildern von Kamel und Nadelöhr das *Nun* hinzukommt, fragt es sich, was sich geändert hat in diesem Verhältnis.

Welcher Art ist die Beziehung zu den Dingen, von denen wir sagen, sie gehören uns?

Zeichnet sich diese Verbindung dadurch aus, dass sie auf uns *hören* und uns deshalb angehören, uns zugeeignet sind?

Das Eigene der Person, ihre *Eigentümlichkeit* bedeutet auch, dass sie eine eigene Beziehung hat. Die ihr eigenen Dinge gehören ihr.

Die Etymologie des Wortes *Ereignis* gilt in der Sprachwissenschaft als genetisch nicht verwandt mit der des Wortes *Eigentum*.

Ereignis kommt von *Auge*, bedeutet im ursprünglichen Sinne - von *eräugen*, *erblicken* - dass sich etwas zeigt, *Eräugnis*. Vergleichbar dem *Hören* ist hier das *Sehen* angesprochen.

Das Adjektiv *eigen* wird in der Sprachgeschichte hingegen auf das germanische *egen* zurückgeführt, welches *haben, eignen* bedeutete, so im Altenglischen *agan*, zu Englisch *own*.

Die Wandlung des Anlauts *au* zu *ei* im Falle von *eräugen* und *ereignen* sei, so die Meinung, eine falsche Anlehnung an die Wortfamilie von *eigen*, zustande-gekommen durch mundartliches Verschleifen.

Es fragt sich jedoch, ob hier nicht eine grundlegendere morphologische Sinn-fälligkeit gilt als die, welche wort-geschichtliche Zuordnungen und Abstammungslinien nach Kategorien bildet.

Nicht ohne Grund steht das Auge, unserem Empfinden nach, in einem

unmittelbaren Verhältnis zur Identität.
Der *Augenblick* ist ein Synonym für die
Gegenwart, jemandem in die Augen
schauen, bedeutet, ihm zu begegnen, dies
wird auch abstrahiert, wenn wir davon
sprechen, einer Gefahr ins Auge zu
schauen.

Das Spektrum des Anlautes *au / ei*
scheint stets auf ein bestimmtes
Bedeutungsfeld hinzuweisen. Es spricht
das Dasein aus dem Nichts heraus an. Das
Einzelne im Verhältnis zum Umgebenden.
Wie das Land im Wasser.

So im Falle von *Aue, Eiland,* etwa in den
Ortsnamen *Nordeney, Mainau, Rheinau*,
auch *Biberach* usw., wo der Laut
ursprünglich eine Insel, ein Land im
Wasser bezeichnet.

Entsprechend das deutsche Wort *Auge*, im
Englischen e*ye-* Pupille und Iris
erscheinen als Insel im Weiß des
Augapfels.

Ähnlich das Wort *Ei*, englisch *egg-*
Obwohl zur semitischen Sprachfamilie
gehörend, weist das Hebräische hier
immer wieder Übereinstimmungen auf, so
bei dem Wort für *Insel,* hebräisch *i* - אי,
als auch bei dem Wort für *Auge,* hebräisch
ajin – עין .

Ebenso die Zahl *Eins*, im Hebräischen
Echad, im Griechischen *enas*.

Der Eintritt ins Dasein aus dem Nichts,
der Anfang, findet im Hebräischen
Ausdruck durch die Beschaffenheit des
ersten Buchstabens.
Das *Aleph* א, von welchem über das
griechische *Alpha* das *A* der lateinischen
Buchstabenreihe abstammt, stellt ursprünglich nur den stimmlosen Anlaut dar,
mit dem ein jeder Vokal beginnt, wenn er
am Anfang eines Wortes steht.

Das Auge identifizieren wir mit der
Eigenheit eines Menschen, der
Augenblick ist ein Synonym für die
Gegenwart.
Das Eigene des Einzelnen erwächst nicht
durch die Abgrenzung gegenüber dem
Anderen, diese ist nur Folge, sondern
indem es aus dem Nichts heraus ist.
Daher der adäquate Anlaut in dem Wort
Ereignis. Implizierend seine Gegenwart,
nämlich, dass sich ihm etwas ereignet und
es sich ereignet.
Das Ereignis nennt die Beziehung
zwischen dem Erkennenden und dem
Erkannten.

Den Besitz besitzen wir, das Eigentum ist uns zugeeignet. Während der Begriff des Besitzes, mit dem darin enthaltenen Verb *sitzen,* auf ein eher passives Verhältnis hindeutet, scheint der Begriff des *Eigentums* eine dynamische, sich ereignende Beziehung zwischen Person und Gegenstand zu meinen.

Die Ereignisfähigkeit des Menschen, sein Person-Sein, bedeutet, dass Dinge zu seinem Eigentum gehören. Gleichwohl ist dieses Eigentum keine Habe wie der Besitz.
Vielleicht verweist im Unterschied zum Begriff des Eigentums und der in ihm angelegten Beziehung der Begriff des Besitzes auf ein Sitzen, auf eine Neigung zur Behäbigkeit im Verhältnis zu den Dingen. Seine Habe den Armen zu schenken, wäre dann die Empfehlung, dieses Verhältnis zu wandeln.
Der Begriff des Eigentums ist im Gegensatz zu dem des Besitzes ein dynamischer. Er ergibt sich aus der Beziehung zum Objekt und ist durch diese definiert.
Das Hebräische weist in diesem Sinne eine sprachliche Eindeutigkeit auf, mit der

Eigentum als Ereignis und als zu
Ereignendes ausgedrückt ist.

So enthält die hebräische Sprache kein
adäquates Wort für *haben.* Das
betreffende Verhältnis wird durch das
Grundwort der Existenz, *jesch-* ש׳
artikuliert. Die Frage: *Hast Du ...?*
würde so in wörtlicher Umsetzung lauten:
Ist Dir ...?

Das Existenz-Wort *jesch - es gibt, es ist,*
hat zugleich die Bedeutung von Identität
oder Wesen, *jeschut -*שות׳, sowie von
Existenz oder Sein überhaupt.

Es ist auch Bestandteil des Namens
*jeschua -*שועה׳, hier *Erlösung* oder *Heil*
bedeutend.

Die Frage der Habe stellt sich damit auf
neue Weise.

Das Eigentum als Ausdruck der Person
wäre dann kein Besitz mehr im Sinne
eines Besetzens, sondern es wäre ein
Eigenes, welches aus dem Ereignis
erwächst und zum Ereignis wird, d.h. im
Ereignis ereignet wird.

Die Vorsilbe *er...* bedeutet die Bewegung
von sich weg, aus sich heraus; die
Beziehung zum Anderen ausdrückend:

Suchen - ersuchen, schaffen - erschaffen, nähren - ernähren.

Das Ereignis kann als eine Beziehung betrachtet werden, in der das Eigene ereignet wird.

Das Ereignis ist zwischen Ich und Du. Ein anschauliches Synonym wäre in diesem Zusammenhang das mit *Mitte* verbundene Wort *Mitteilung*, welches dann freilich nicht oder nicht nur in einem verbalen Sinne, sondern im ureigensten, singularen Sinne als Mittlung zu verstehen ist.

Sinnfällig wird dies, wenn man es synonym einsetzt und anstelle von *Es hat sich etwas ereignet* sagt: *Es hat sich etwas mitgeteilt.*

Impliziert der Begriff des Besitzes ein Sitzen oder Besetzen und damit die Gefahr der Behäbigkeit, die mit einer derartigen Auffassung des Habens verbunden ist, so steht das Kamel, als das Tier des Weges, für die Weisung, unterwegs zu sein, auf dem Weg zu bleiben.

Das biblische Verbot der Zinswirtschaft, die Einsetzung des Jubeljahres, in welchem erworbenes Land zurückgegeben wurde und entstandene Abhängigkeiten gelöst wurden, und die weiteren wirtschaftlichen Regelungen in den mosaischen Weisungen zielen auf eine andere Form des Habens ab.

Das dem Menschen Gehörende ist hier kein vom Menschen abstrahierter Wert an sich, sondern ist bezogen auf die Bedürftigkeit der Menschen und durch diese definiert.

Habe, die nicht *an sich*, sondern durch die Bedürftigkeit des Menschen definiert ist, würde damit zu einer sozialen Impulsation.

Sie wäre nicht mehr statisch - kein *Besitz* im Sinne des Besetzens, sondern Eigentum im Sinne des Ereignens.

Sie wäre Ausdruck des Geistes. Substanz des Ereignisses.

Der Mensch

Dies ist das Neue, auf welches *Nun*, der Fisch, der in der Zahl der Hundertdreiundfünfzig Fische zu Kamel und Nadelöhr hinzugekommen ist, hindeutet.
Durch die Aufnahme des *Ich Bin* wird der Einzelne zur Person.
Er wird ereignisfähig. Allein so können auch die Dinge aus der Erstarrung gelöst werden - und kann eine *neue Erde* werden.
Und dann wird das Kamel durch das Nadelöhr gehen können.

Sinnfällig wird hier, dass in dem hebräischen Wort für *Person / Mensch* - *änosch* – אנוש., im Plural *aneschim* – אנשים, das Wort *ich-ani* - אני . enthalten ist.
Die Menschen sind die, welche *Ich* sagen können.

Mit der Beziehung der Hundertdreiundfünfzig Fische zum Gleichnis von Kamel und Nadelöhr, gewinnen auch andere Züge der Schilderung des nächtlichen Fischfangs eine antworthafte Bedeutung.

Denn die, welche das Gleichnis gehört
hatten vom Kamel, welches eher durch ein
Nadelöhr geht, als ein Reicher ins
Himmelreich, stellten ja erschrocken die
Frage, wer denn überhaupt gerettet
werden könne.

Die Antwort, die Jesus ihnen damals gab:
*Was beim Menschen unmöglich ist, ist bei
Gott möglich,* wird hier, nach der Auferstehung, noch einmal beantwortet,
indem auf die große Menge der Fische
hingewiesen wird.

Und darauf, dass, obwohl es so viele
waren, das Netz nicht zerriss.

***

Anmerkungen

Hebräische Grundlage der Evangelien

Eine Betrachtung der Evangelien anhand der hebräischen Etymologie und mithilfe der Gematria kann sich ihrem Ursprung und damit den Grundlagen ihrer Systematik gemäß zunächst nur hebräischen Begriffen widmen.
Bei den griechisch überlieferten Texten der Evangelien sind das die ursprünglich

hebräischen bzw. aramäischen Formen der Namen und Ortsbezeichnungen. Anzunehmen ist auch ein hebräischer Bezug bei allen Zahlenangaben. Darüber hinaus können einzelne Worte und Stellen, besonders bei der Wiedergabe wörtlicher Rede, ebenfalls über eine Zugrundelegung des Hebräischen erschlossen werden, da die griechischen Überlieferungen Reden und Gespräche wiedergeben, die in Judäo-Aramäisch und Hebräisch geführt wurden.

Es ist vorauszusetzen, dass das Hebräische, neben dem überregionalen Aramäischen und dem Griechischen der Küstenregionen, im Innern des Landes durchaus noch im Alltag gesprochen wurde, ähnlich wie Regionalsprache, Dialekt und Hochsprache im Sprachgebrauch vielfach nebeneinander existieren.
Sicherlich aber wurde, worauf Martin Buber hinweist, das Hebräische zur Zeit Jesu in der lehrenden Ansprache und im religiösen Dialog gesprochen - und nicht etwa nur in der Liturgie.

Über den erzählerischen Gehalt hinaus kann jedoch auch, wie anhand der aufgezeigten Zusammenhänge deutlich wird, ein grundlegender Bezug zum Hebräischen bei der Abfassung der Evangelien vorausgesetzt werden.

Die Autoren der Evangelien waren Juden, sie sprachen und dachten hebräisch, die besondere Sinnfälligkeit hebräischer Etymologie war ihnen selbstverständlich.

Auch sind ohnehin hebräische Urtexte vorauszusetzen. Die Vorstellung, dass in den juden-christlichen Gemeinden im Innern des Landes, in Jerusalem, Judäa, Samaria und Galiläa griechisch abgefasste Urtexte gelesen worden seien, ist wirlichkeitsfern.

Die Existenz hebräischer christlicher Schriften geht, neben Wortspielen, die, wie das hier Besprochne, nur im Hebräischen offenbar werden, zudem aus einer Talmudstelle des ersten Jahr-hunderts hervor, bei der die Frage erörtert wird, wie man bei einem Brand, angesichts des Gebots, hebräische Texte zu retten, mit den Büchern der Judenchristen, der *minim,* zu verfahren habe.

Das Geld

In der Thora ist die Weisung ausgesprochen, Geld nicht zur Ware zu machen, also nicht Zinswirtschaft zu betreiben:

Wenn dein Bruder verarmt, ... sollst du ihn, auch einen Fremden oder Beisaß, unterstützen, damit er neben dir leben kann. ... Du sollst ihm weder dein Geld noch deine Nahrung gegen Zins und Wucher geben. 3 Moses 25, 35-37

Auch die anderen mosaischen Regeln zu Eigentum und Wirtschaft, wie die periodische Auflösung aller entstandenen Abhängigkeiten und Missverhältnisse im fünfzigsten Jahre, stellen eine Anleitung dar, Eigentum und Währung als Mittel sozialer Impulsation zu begreifen. Der Besitz soll bestimmt sein durch die Bedürftigkeit des Menschen.
Wird er isoliert und neutralisiert, so entwickelt er einen Absolutheitscharakter. Er wird zum Mammon.

Als Mittel der wirtschaftlichen Interaktion - des Handels - kommt ihm dann die Bedeutung eines Maßstabs zu. So tritt er

in der Konsequenz als Bestimmendes an
den Menschen heran.
Die Regeln des Handels und der Wirtschaft entwickeln eine Eigendynamik und
sind nicht mehr Mittel des gesellschaft-
lichen Geschehens, sondern sie
bestimmen es.

Wird der Besitz als Wert an sich
aufgefasst, so zieht dies nach sich, dass
auch das Geld seines Vermittlungswesens
enthoben, aus dem Umlauf heraus-
genommen und in *Besitz* umgewandelt
wird - es wird so selber Ware, die in der
Zins- und Börsenwirtschaft wiederum
geldvermehrend gehandelt wird.

Die dadurch verursachte stetige Zunahme
von beziehungslosem, mithin leistungslosem Geld ohne wirklichen, wirtschaftlichen Gegenwert ist ein Ergebnis.

Ein anderes ist die Entstehung von daraus
hervorgehenden Machtkonstellationen,
die sich Selbstzweck sind, entsprechend
dem subjekt- und objektlosen Geld,
welches sich selber zur Ware wurde, und
die daher zugleich apersonal, anonym
und totalitär sind.

Aristoteles kennzeichnete diesen Vorgang und begründete seine Ablehnung:

Der Wucherer ist mit vollstem Recht verhasst, weil das Geld hier selbst die Quelle des Erwerbs ist und nicht dazu gebraucht wird, wozu es erfunden wurde. Denn für den Warenaustausch entstand es, der Zins aber macht aus Geld mehr Geld. Daher auch sein Name (τόκῳ – toko - Geborenes) *. Denn die Geborenen sind den Erzeugern ähnlich. Der Zins ist Geld von Geld, sodass er von allen Erwerbszweigen der naturwidrigste ist.*   Politik I, 2

Das griechische Wort τόκῳ – *toko* leitet sich von *Geborenes* ab. *Die Natur-widrigkeit* des Zinses liegt für Aristoteles darin begründet, dass das Geld mit einer Eigenschaft des Lebendigen bedacht wird, nämlich dass Kapital sich vermehrt wie eine Herde, in der Junge geboren werden. Ähnlich der moderne Euphemismus, nach dem man Geld *arbeiten* lässt oder Kapital und Zinswirtschaft mit einer Henne verglichen wird, die Eier legt.

Die eigenständige Bewegung galt in der Antike als das wesentliche Kriterium des

Lebens. Aristoteles erblickt daher in der Zinswirtschaft ein Scheinwachstum.
Geld ist gezeugt aus dem Verhältnis zur Ware. Wenn aber Geld von Geld gezeugt wird, wenn es zur Ware wird, kann es nicht mehr dem Warentausch dienen.

Die Einrichtung des Geldes als Mittel des Warentauschs setzt einen Gegenwert zu Ware und Leistung in einer entsprechenden Geldmenge innerhalb des Gemeinwesens voraus. Um seiner Aufgabe der wirtschaftlichen Kommunikation gerecht werden zu können, muss dieses Geld im Fluß bleiben.

Wenn eine Stadt am Oberlauf eines Flusses das Wasser staut, um es fürderhin gegen Zins der Stadt am Unterlauf zu verkaufen, so gibt es dagegen triftige Einwände.
Ähnlich aber verhält es sich damit, den Geldfluss zu stauen und so das Geld selbst zur Ware zu machen.
Es widerspricht seinem Sinn, gehortet oder, in der Analogie des Flusses, gestaut zu werden, um es gleichsam gewinnbringend zu verkaufen.

Der so entstandene Mehrwert hätte keinen Gegenwert, wäre ohne Bezug zu einer Ware oder einer Leistung. Da ihm aber ein Wert zugemessen wird, kann er diese Leere nur mit einer stetigen Entwertung des realen Verhältnisses von Leistung und Geld ausfüllen.

In den mosaischen Regeln zum Wirtschaftsverkehr wird die Frage der Zinsnahme mehrfach erörtert.
Einmal erscheint das Verbot kategorisch: Der *Bruder wie auch der Fremdling* sollen unterstützt werden und es ist untersagt, Zinsen von ihm zu nehmen.
3 Moses 25, 35-37

Ein anderes Mal, im Hinblick auf die Landnahme in Kanaan, betrifft das Zinsverbot nur den *Bruder,* dem *Ausländer* aber dürfen Zinsen auferlegt werden: *Von einem Fremden/Ausländer darfst du Zinsen nehmen, von deinem Bruder darfst du keine Zinsen nehmen.*
5.Mose 23,21

Im hebräischen Urtext werden hier zwei unterschiedliche Begriffe verwendet, im ersten Falle *ger* – גר , der im Lande wohnende Fremdling, und im zweiten

nochri - נחרי, der Fremde, der ein
Ausländer ist.

Der Widerspruch klärt sich, wenn man die
Weisung auf ein bestehendes Gemeinwesen bezieht, in welchem Leistung, Ware
und Geld ein entsprechendes Verhältnis
bilden.
Im Wirtschaftskreislauf dieses Gemeinwesens würde Zinsnahme ein Anwachsen
gegenwerts- wie leistungslosen Geldes
bedeuten und den gesunden Kreislauf
stören. Der Arme würde ohne Schuld
ärmer und der Reiche ohne Verdienst
reicher.

Dies zu verhindern, ist der Sinn des
Zinsverbotes.
Unter den Angehörigen des
Wirtschaftsverbandes, gleich ob
Angestammte oder zugezogene Fremde,
gilt daher das Verbot der Zinsnahme.

Würde jedoch aus dem Gemeinwesen
heraus eine Geldmenge an den Angehörigen eines anderen Verbandes
verliehen, ohne dass dem ersten
Gemeinwesen eine Leistung daraus
erwüchse, so würde dieser Geldwert im

Wirtschaftskreislauf der Individuen des Verbandes fehlen.

Dies würde eine ähnliche, jedoch umgekehrte Störung des Verhältnisses von Leistung und Geld bedeuten. Auch für den anderen Verband, dessen Angehöriger sich den Betrag geliehen hat, entstünde ein Schaden durch das Auftauchen einer fremden Geldmenge, für welche in dem Verband kein Gegenwert besteht.

Das Zinsverbot berücksichtigt offenbar die Angehörigkeit zu einem oder zu verschiedenen, voneinander unabhängigen Wirtschaftsverbänden.

Es unterscheidet zwischen dem nachbarschaftlichen Fremdling, der Angehöriger desselben Wirtschafts- verbandes ist, und dem Fremdling, der einem anderen, unabhängigen Verband angehört.

Innerhalb der Verbände wäre die Zinsnahme untersagt, zwischen den Verbänden wäre sie unter bestimmten Bedingungen erlaubt, um das Verhältnis von Ware und Geld innerhalb des einzelnen Verbandes nicht ins Ungleichgewicht zu bringen.

Wie verhält es sich mit dem heutigen globalisierten Handel, in welchem eine wirtschaftliche Unabhängigkeit einzelner Verbände nicht mehr gegeben sein kann?

Zwar gibt es unterschiedliche Länder und politische Systeme, aber ein Wirtschaftsgefüge, von dem alle Verbände betroffen sind, stellt doch wirtschaftlich letzthin ein einheitliches Gemeinwesen dar. Zinsnahme bedeutet hier, wie im einzelnen Verband der mosaischen Weisungen, die Erzeugung von leistungslosem Geld.

Sie wird in Levitikus untersagt, weil das Geld seine Vermittlungsqualität verliert und weil, in der Folge, die Letzten in der Kette von Zinsnahme und Verteuerung, die ihre Mehrkosten an niemanden mehr abwälzen können, beraubt werden.

Ein Handel, bei dem das Geld zur Ware wird oder, wie in der Börse, die Wertsteigerung selber Anlass der Wertsteigerung wird, lässt die Kluft zwischen den Habenden und den weniger Habenden unüberwindbar werden und führt zwangsläufig zum Zusammenbruch des Wirtschaftskreislaufes.

Anders verhält es sich beim Anteilserwerb, bei dem ein Anleger einen Anteil an einer wirtschaftlichen Initiative kauft. Hier hat sein Geld einen realen Gegenwert. Trägt das Unternehmen Früchte, vermehrt sich sein Anteil im Verhältnis zum wachsenden realen Gegenwert. Scheitert das Unternehmen, verliert er sein Geld. Gewinn und Verlust werden von ihm mitgetragen. Ein stetig anwachsender leistungsloser Geldwert wie bei der Zinsnahme entsteht nicht.

Wechselseitiger Bezug zwischen dem Text des Johannes und denen, der drei anderen Evangelisten

Eine Eigenschaft der 153 besteht darin, dass ihre Quersumme, Neun, mit der Ausgangszahl Siebzehn multipliziert wiederum hundertdreiundfünfzig ergibt. Diese Eigenschaft teilt die Siebzehn, soweit absehbar, merkwürdigerweise nur mit ihrem Primzahlzwilling, der Neunzehn (deren Additionsreihe beträgt 190, die Quersumme 10 ergibt als Teiler wiederum 19).

Aus diesem Zahlenverhältnis der Siebzehn ergibt sich in der Gegenüberstellung der anderen drei Evangelien mit dem des Johannes ein wechselseitiger Bezug, indem nicht nur der Text des Johannes mit der Zahl der 153 Fische an die Geschichte von Kamel und Nadelöhr anknüpft, sondern sich die drei anderen Evangelien auch auf den nächtlichen Fischfang bei Johannes beziehen, wenn man sie gemeinsam betrachtet.

Dies in der allen drei Schilderungen gemeinsamen auffälligen dreimaligen Nennung des Wortes *gut*, טוב - *tow*.

Das Wort, welches als Zahl gelesen, siebzehn ergibt, wird gleich zu Beginn des Dialogs zwischen Jesus und dem reichen Jüngling in allen drei Evangelien dreimal gesprochen.
Einmal von Seiten des reichen Jünglings und in der Antwort zweimal von Jesus.
Die Antwort kann als eine der Stellen im Neuen Testament angesehen werden, wo Jesus bekundet, wer er ist. Hier, indem er die Konsequenz der Anrede ausspricht - *Was nennst Du mich gut, niemand ist gut als nur einer, Gott.*

Durch die auffällig übereinstimmende, dreimalige Nennung des *tow* – טוב in allen drei Schilderungen ergibt sich gemeinsam neunmal der Zahlenwert Siebzehn. Das sind hundertdreiundfünfzig. Die anderen drei Evangelien würden dann gleichsam vereint im Zusammenhang mit dem Gleichnis von Kamel und Nadelöhr den verborgenen Zahlenwert von Hundert-dreiundfünfzig nennen - und sich so

ihrerseits auf den nachösterlichen Fischfang bei Johannes beziehen.

Ein ähnliches Verhältnis hinsichtlich des
Zahlenwertes des Wortes *tov* zeigt sich
in der Geschichte von der Sintflut.
Hier wird beim Neuanfang nach der Flut,
nachdem die Wasser wieder zu sinken
beginnen, erwähnt, dass es der
siebzehnte Tag des siebten Monats war,
als die Arche des Noah auf dem Berge
Ararat aufsetzt. 1. Moses, 8,4

Die Zahlen scheinen sich im Sinne des
Neubeginns auf die Genesis zu beziehen,
wo siebenmal gesagt wird, wie Gott bei
Betrachtung seiner Werke *sah, dass es
gut war,* mithin siebenmal das Wort *tov*
mit dem Zahlenwert der Siebzehn fällt.

Bemerkenswert ist in diesem Zusammenhang der Hinweis des Augustinus den
siebzehnten Vers des siebzehnten Psalms.
(nach der ursprünglichen Zählung in Tanach und
Septuaginta, später wurde durch Aufteilung des 9.
Psalms in einen 9. und 10. Psalm, der 17. als 18. Psalm
bezeichnet).

Dort, in Psalm 17, Vers 17 heißt es:
Er streckte die Hand aus der Höhe, Er griff nach mir, Er zog mich heraus aus den großen Wassern.
Das Thema des Herausziehens ist auch die etymologische Grundlage des Namens Moses, *Moscheh*, der sowohl ein aus dem Wasser Herausgezogener ist, Exodus 2,10, als auch ein Herauszieher (M. Buber), der das Volk aus Knechtschaft herauszieht.

Neben der Eigenschaft der 153, die Summe der Additionsreihe der 17 zu bilden und zugleich das Multiplikationsprodukt der Quersumme mit 17, weist sie noch eine andere bemerkenswerte mathematische Eigenart auf. So ergeben die einzelnen Ziffern der Zahl, mit sich selbst so oft malgenommen, wie die Zahl Stellen hat, also dreimal, als Summe wieder 153: $1^3 + 5^3 + 3^3 = 153$.

Die Zahl kann sich auf diese Weise, anhand ihrer Systematik, aus sich selbst hervorbringen. Diese Eigenschaft haben nur 88 Zahlen, die Reihe der Armstrong-Zahlen, von denen die 153 die erste ist.

Eine weitere mathematische Besonderheit stellt das dem Archimedes zugeschriebene *Maß des Fisches* dar. Ein Maßverhältnis, welches sich aus zwei überschneidenden gleichgroßen Kreisen ergibt, von denen die Kreislinie des einen jeweils durch den Mittelpunkt des anderen führt.

Die Schnittfläche ergibt die Form einer Mandorla. Auch der gotische Bogen basiert auf dieser Figur.

Verbindet man die äußersten Punkte der beiden Kreislinien auf einer Seite durch eine Gerade, so erhält die Schnittfläche eine Schwanzflosse und bildet die Figur eines Fisches

Der Radius der Kreise befindet sich zu der Strecke zwischen den beiden Schnittpunkten in einem Verhältnis, welches Archimedes als 153 zu 265 formulierte.

Als Dezimalzahl ist die Strecke der Schnittpunkte 1,7302... mal die Strecke des Radius. Diese Zahl entspricht als Annäherung bis auf fünf Dezimalstellen der Wurzel aus Drei.

Nun als Wort für Gegenwart

Es ist im Wortfeld des Begriffs der Gegenwart bemerkenswert, mit welcher Sinnfälligkeit Inhalte über Sprachgrenzen und Epochen hinweg in ähnlichen oder gleichlautenden Wörtern auftauchen. So wenn bei Meister Eckehard oder in einer Aquin-Übersetzung Christus im Sinne des Gegenwärtigwerdens als das *ewige Nun*, das ewige Jetzt, bezeichnet wird.

Das Tetragram und die Weisung zur Nächstenliebe

Das Tetragram, der vierbuchstabige Name Gottes, den Gott dem Moses aus dem brennenden Dornbusch heraus kundtut, wird von Martin Buber als das *Grundwort der Person* erklärt - als das *Ich-Du*.

Der Heilige Name gilt seit dem babylonischen Exil im Judentum als unaussprechlich.
Anstelle seiner Aussprache wird beim Rezitieren der Schrift daher die Umschreibung *Adonai,* hebräisch: *mein Herr,* gewählt.

In der Frühzeit der christlichen Übersetzungen des Alten Testaments hatte man bei der Niederschrift zunächst einfach die hebräischen Buchstaben des Tetragramms übernommen. Beim Rezitieren einer griechischen Schriftausgabe verfuhr man dann wie in der jüdischen Tradition und sprach *Adonai* oder griechisch *Kyrios* aus. Als im Zuge der weiteren Verbreitung der Schrift dieser Bezug nicht mehr präsent war, ersetzte man das geschriebene Tetragram durch ein geschriebenes *Kyrios*. Bei weiteren Übersetzungen wurde diese Regelung übernommen, so dass in Luthers Bibelübersetzung das deutsche *Herr* überall dort eingesetzt ist, wo im hebräischen Originaltext der vierbuchstabige Name Gottes genannt wird.

Diese Lösung führte mitunter zu einem wesentlichen Verlust an Sinnfälligkeit.

Martin Buber setzte daher in seiner Übertragung der Schrift anstelle des Namens Gottes - den er als *Grundwort der Person* auffasst - jeweils die persönlichen Pronomen, *Ich, Du, Er,* ein.

Die Schlüssigkeit dieser Deutung erweist sich auch anhand einer im 19. Jahrhundert von Naftali Herz Wessely erarbeiteten und von etlichen jüdischen als auch christlichen Übersetzern aufgenommenen Übertragung des Gebots der Nächstenliebe ins Deutsche, welches in der konventionellen Form lautet:

Du sollst deinen Nächsten lieben wie dich selbst.

Die betreffende Wendung *wie Dich selbst – KaMOCHa* - lässt sich jedoch besser mit *Dir gleich* oder *wie Du* übertragen.
Die auf dem Vergleich mit ähnlichen Textstellen basierende Übersetzung Wesselys lautet daher:
Du sollst deinen Nächsten lieben, denn er ist wie du - Ich bin der Herr. 3 Moses 19,18 und 19,34
In dieser Übersetzung der Weisung wird der Andere als *Ich*-Wesen - *änosch* -, als Person, *wie du –* erfasst.
Damit geht die Aussage über den eher reflektierenden Charakter der konventionellen Übersetzung hinaus und stellt eine essentielle Anleitung zur Beziehung dar.

Diese Weisung wird von Jesus in Matt. 22, 35-40 gemeinsam mit der Weisung der Liebe zu Gott als eine der zwei wichtigsten Weisungen, die über allen anderen stehen, hervorgehoben, nachdem ein Schriftgelehrter ihn fragt, welches die vornehmlichste Weisung in der Thora sei. Jesus antwortete ihm, indem er aus der Thora diese zwei Gebote zitiert und sie gleichstellt:

'Du sollst lieben Gott, deinen Herrn, von ganzem Herzen, von ganzer Seele und mit all deiner Kraft '. 5 Mose 6,5
Dies ist das vornehmste und größte Gebot. Das andere aber ist diesem gleich: 'Du sollst deinen Nächsten lieben denn er ist wie du' 3.Mose 19,18. *In diesen zwei Geboten hängt das ganze Gesetz und die Propheten.*

Bei 3 Moses 19,18 schließt die Aussage mit der Nennung des Tetragramms, *Ich bin der Herr.*
Aus diesem Grunde entschieden sich Buber und Rosenzweig zu der Über-setzung: *Halte lieb deinen Genossen, dir gleich. Ich bins.*

Zu erkennen ist die Übereinstimmung mit einer anderen essentiellen Aussage Jesu: *Was ihr dem geringsten meiner Brüder getan habt, das habt ihr mir getan.*

Name und Bezeichnung

Der vierbuchstabige Name Gottes, den Gott dem Mose beim Anblick des brennenden Dornbuschs kundtut gilt im Judentum als heilig.
Im Unterschied zu dem ausgewiesenen *Namen Gottes*, ist das biblische *Elohim,* mit dem die Genesis beginnt, nicht als *Name Gottes* genannt.

Diese hebräische Gottesbezeichnung *Elohim* bildet durch die Endung *...im* einen Plural. In Anbetracht der Betonung der Einzigkeit Gottes im Judentum, findet dies Erklärung darin, dass dieses Wort Gott keineswegs in seiner Unfassbarkeit bezeichnen soll, sondern die Gesamtheit der in der Schöpfung wirkenden Kräfte Gottes (Raschi).
Es wird als annähernde Bezeichnung verstanden.

Die jüdische Theologie sieht daher gerade in der Anwendung des Plurals die Ehrfurcht und die Öffnung gegenüber dem unfassbaren Einen Gott gewahrt.

Anders das Tetragram. Es wird dem Mose aus dem brennenden Dornbusch heraus ausdrücklich als Gottes *Name für ewig* bekundet.

Das *Ejeh Ascher Ejeh – Ich-Bin-Der-Ich-Bin* ist daher nicht als Bezeichnung zu verstehen, sondern es ist die Selbstbekundung der darin gestalt-gewordenen Unfassbarkeit - des Prinzips der Identität, das nur in der unmittelbaren Ansprache – im Du - angesprochen werden kann.

Das *Schin* im Namen *Jehoschua*

Die Buchstaben des Tetragrams erscheinen auch im Namen des Jesus von Nazareth, Jehoschua – יהושע.
Jedoch steht hier an Stelle des auslautenden zweiten *He* - ה des Tetragrams - יהוה ein *Schin* - ש .

Der Buchstabe *Schin* ist in der Tradition der hebräischen Sprache verbunden mit dem Bild der Zähne - *Schinaim*.

Das Aufnehmen und Zerteilen der Nahrung, welches mit den Zähnen geschieht, steht dabei - nach der Bedeutung des Buchstabenbildes - für die Urteilsfähigkeit und Entscheidungskraft des Menschen.

Eine ähnliche Metaphorik der Zähne findet sich im chinesischen *Buch der Wandlungen*, dem *I Ging*.
Dort deutet der Orakelspruch *Das Durchbeißen* den spezifischen Charakter einer Entscheidungsfindung in ihrer Konsequenz an. In den Varianten des Orakelspruches heißt es etwa: *Beißt durch weiches Fleisch*, *Beißt auf*

Knorpelfleisch, oder *Beißt auf altes Dörrfleisch.* (R. Wilhelm)

Das *Schin* wird im Hebräischen mitunter auch als *Ssin*, als ein stimmloses *S* gesprochen, welches in der späteren Punktierung der hebräischen Schrift entsprechend unterschieden wird.

Mit dieser unterschiedlichen Aussprache des *Schin* ist eine besondere Geschichte in der Bibel verbunden. An ihr entschied sich einst das Schicksal der Leute des Stammes Ephraim. Richter 12,4-6

Vorausgegangen war ein Grenzkonflikt. Die Ammoniter waren in das Land der zwölf Stämme eingefallen und die Bewohner des grenznahen Gilead riefen daraufhin ihre Stammesbrüder, die Ephraimiter, zum Beistand.
Diese weigerten sich jedoch, zu Hilfe zu kommen, woraufhin die Gileaditer den Krieg alleine ausfochten und die Ammoniter schließlich besiegten.
Danach bedrohten die Ephraimiter den Anführer Gileads, Jeftach, weil sie einen Anteil von der Kriegsbeute beanspruchten. Jeftach sammelte seine

Leute, stritt gegen die Ephraimiter und schlug sie in die Flucht in Richtung Jordan.

Die Leute von Gilead besetzten nun die Furten des Jordan. Wer von den ephraimitischen Flüchtlingen über den Jordan gehen wollte, um ans andere Ufer zu kommen, musste das Wort *Schiboleth* - das hebräische Wort für Ähre - sagen.

Wer es nicht richtig aussprechen konnte, sondern nur *Ssiboleth* zu sagen ver-mochte, eine Eigenart der Ephraimiter, war erkannt und wurde getötet, weil diese zuvor ihre Hilfe im Kampf gegen die Ammoniter verweigert, danach aber die Leute von Gilead um der Kriegsbeute willen angegriffen hatten.

Ihr Unvermögen, das *Schin* in *Schiboleth* zu sprechen scheint so für den Geiz und die fehlende Hilfsbereitschaft der Ephraimiter zu stehen.

Das Wort *Schiboleth* wurde aufgrund dieses Schicksals der Ephraimiter über seinen biblischen Zusammenhang hinaus zu einem Begriff; *Schiboleth* ist ein sprichwörtliches Synonym für eine schicksalsbestimmende Entscheidung. Martin Buber nennt das *Ich* das *Schiboleth* der Zeit.

Daher enthält die Bedeutung des *Schin* im Sinne des Gegenüber-Seins die Scheidung in Ich und Du - die Voraussetzung der Beziehung und damit der Ent - scheidung ist. M. Buber: *Urdistanz und Beziehung* So steht das *Schin* auch für die Anwesenheit, die Gegenwart.

Den christlichen Kennern der hebräischen Mystik galt das *Schin* im Namen Jesu als der hinzugekommene fünfte Konsonant des vierbuchstabigen Namens Gottes, welcher dem Moses im brennenden Dornbusch kundgetan worden war. Für die christlichen Vertreter der Kabbala - so bei Johannes Reuchlin und Agrippa von Nettesheim - bedeutet das *Schin* in *Jehoschua* die Erfüllung des Gottesnamens. In ihm ist ausgedrückt die Menschwerdung dessen, der sich im Tetragramm bekundet hatte. Das *Schin* steht für seine Gegenwart, sein Niederkommen in die Zeit.

In der Kurzform *Jeschua* erscheint auf diese Weise das Wort *jesch,* das hebräische Grundwort des Seins.

Zippor Nefesch

In der jüdischen Mystik steht der hebräische Buchstabe *Nun – ן* für die Individuation des Menschen, für das Individuum in der Zeit.
Das *Nun* wird hier auch *Zipor Nefesch* genannt, der *Seelenvogel.*
Zipor Nefesch ist das Einzige des Menschen, was ihn von allen anderen unterscheidet. Von dem es im Psalm heißt : *Errette mein Einziges vor der Gewalt der Hundemeute.* Psalm, 22,20
Die Freiheit seines Wesens.

***

.